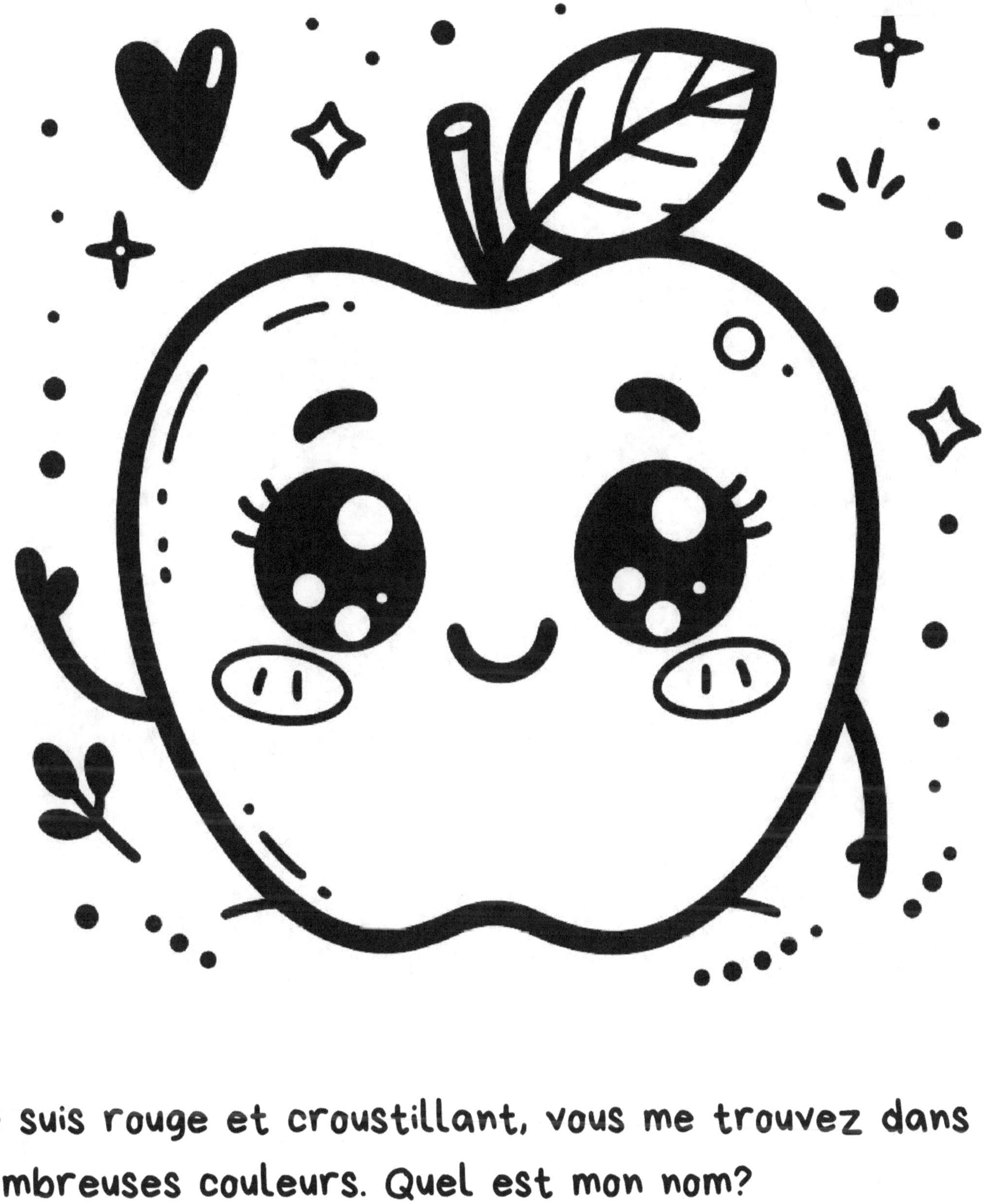

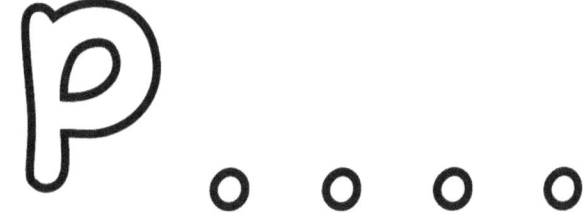

Je suis rouge et croustillant, vous me trouvez dans de nombreuses couleurs. Quel est mon nom?

p o o o o

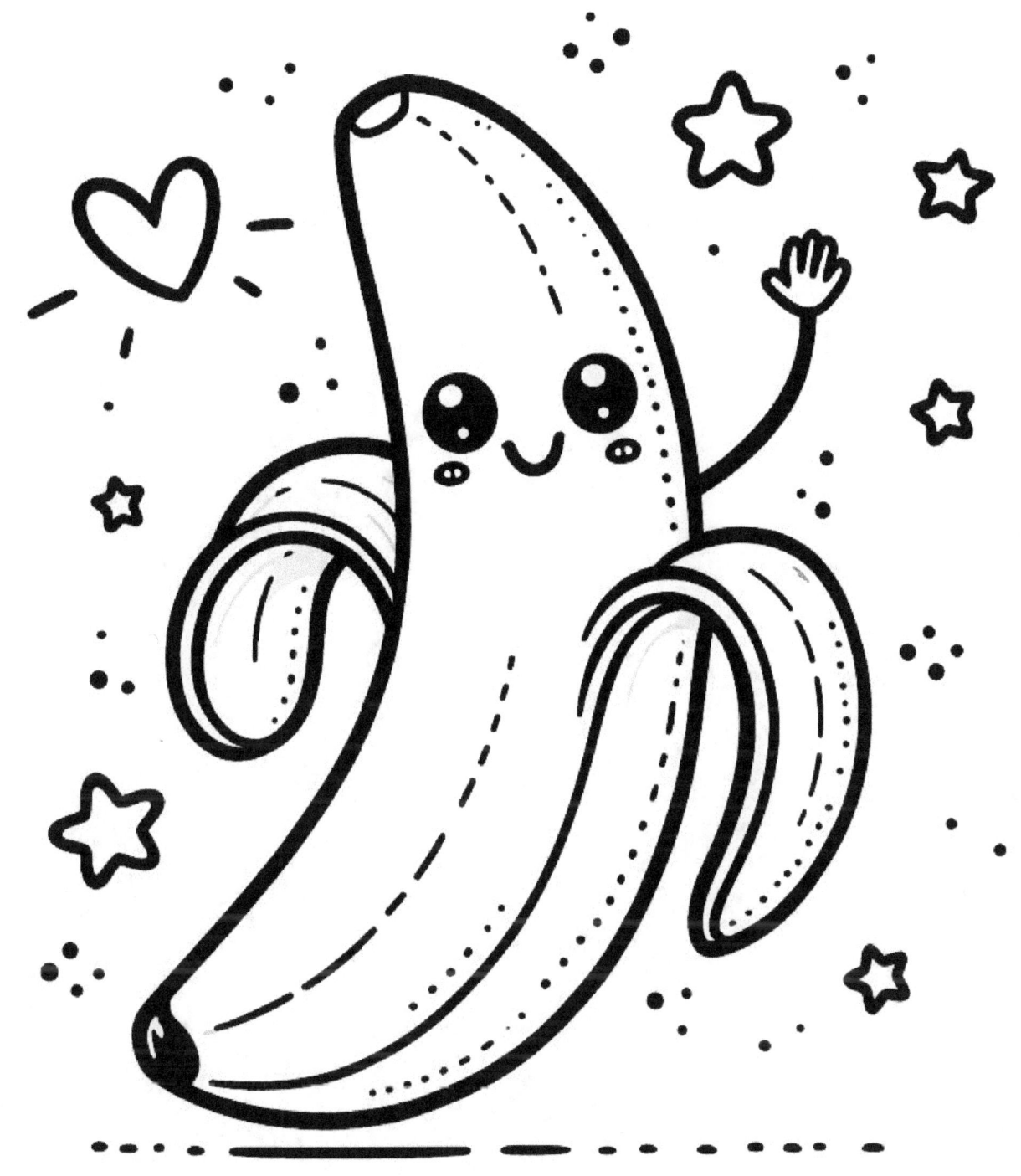

Je suis jaune et ronde et j'adore les singes. Quel est mon nom?

B o o o o o

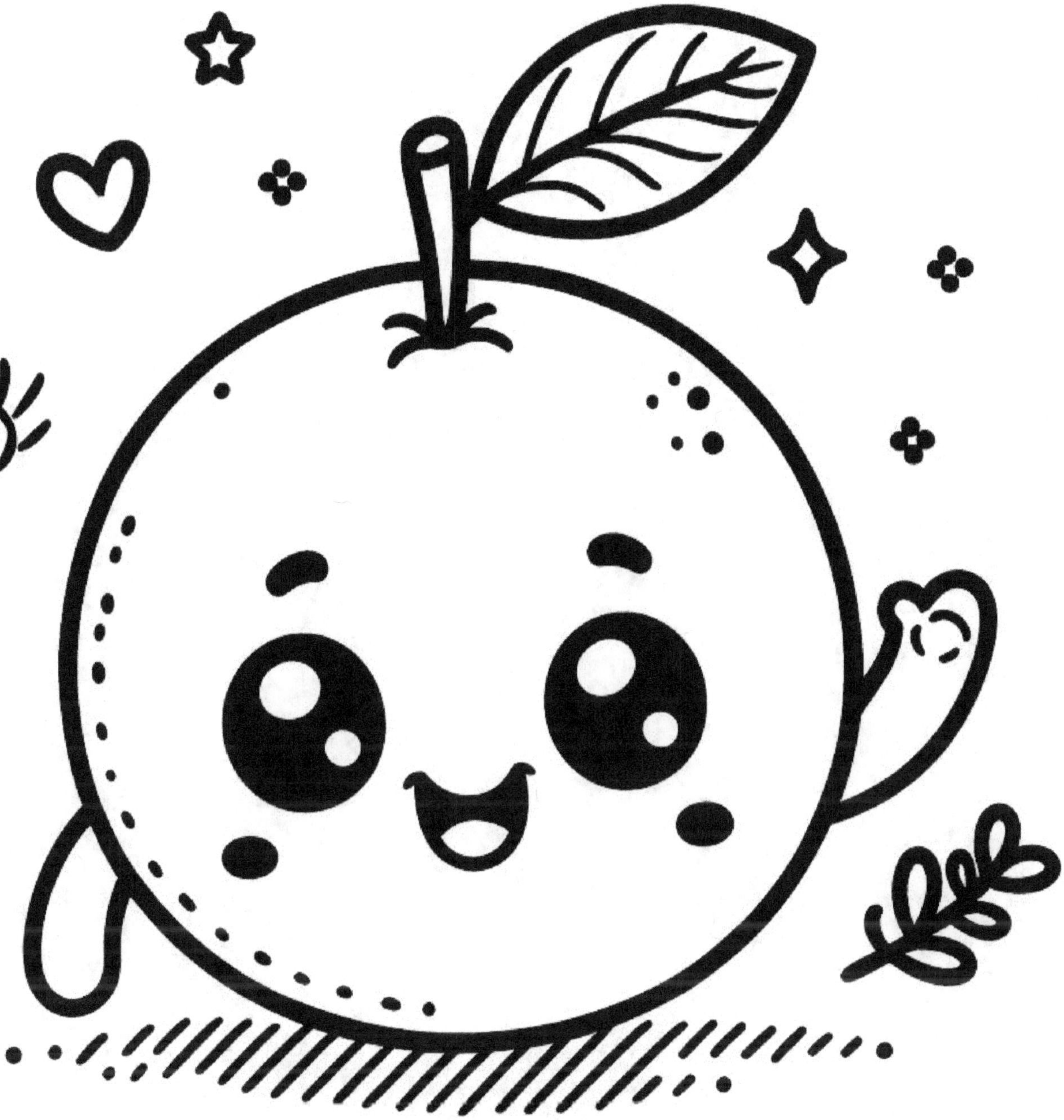

Je suis ronde et juteuse, riche en vitamine C. Quel est mon nom ?

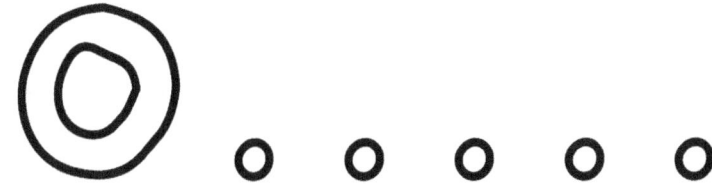

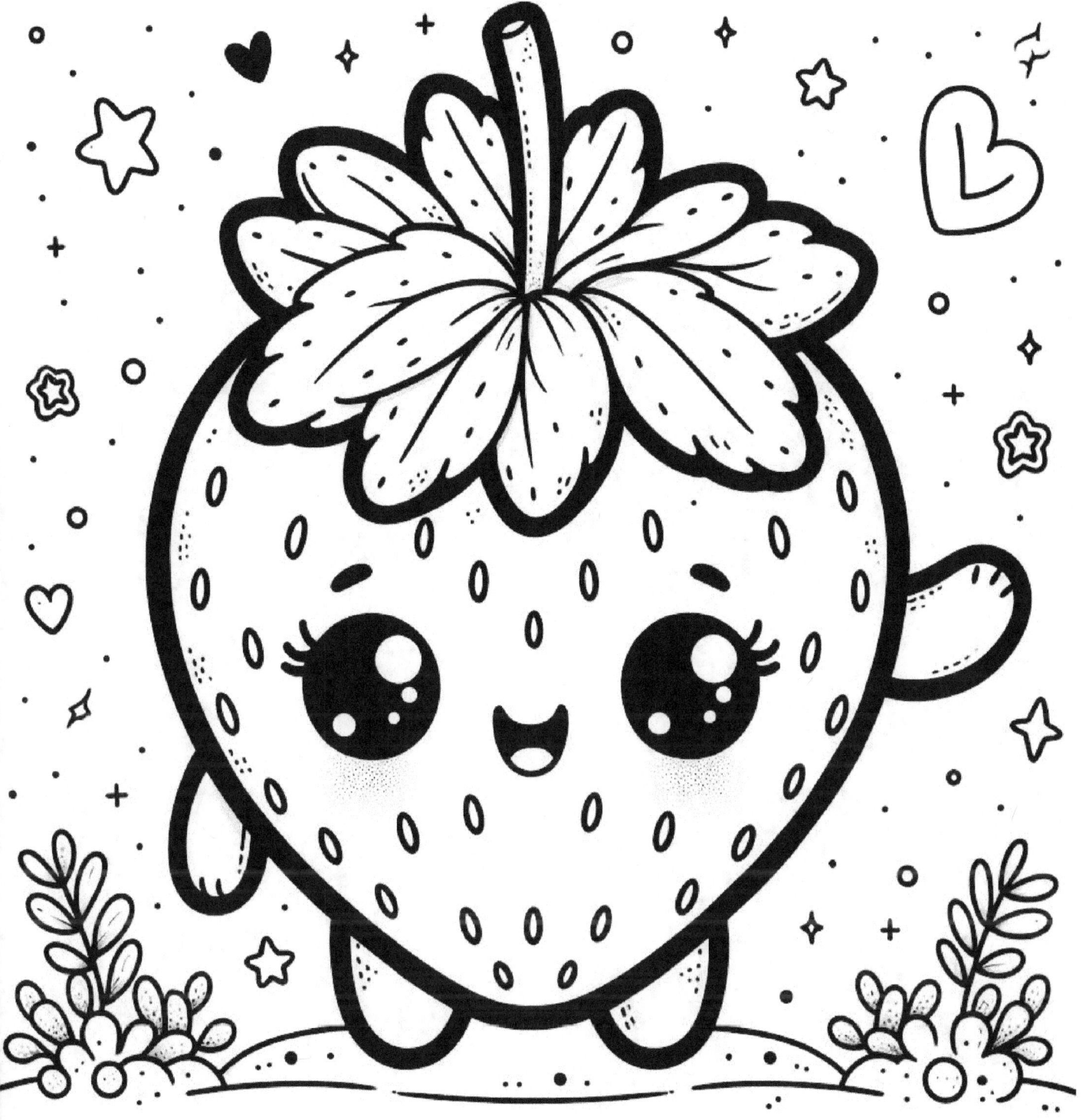

Je suis rouge et petit, avec des graines dans la peau. Quel est mon nom?

F_ _ _ _ _

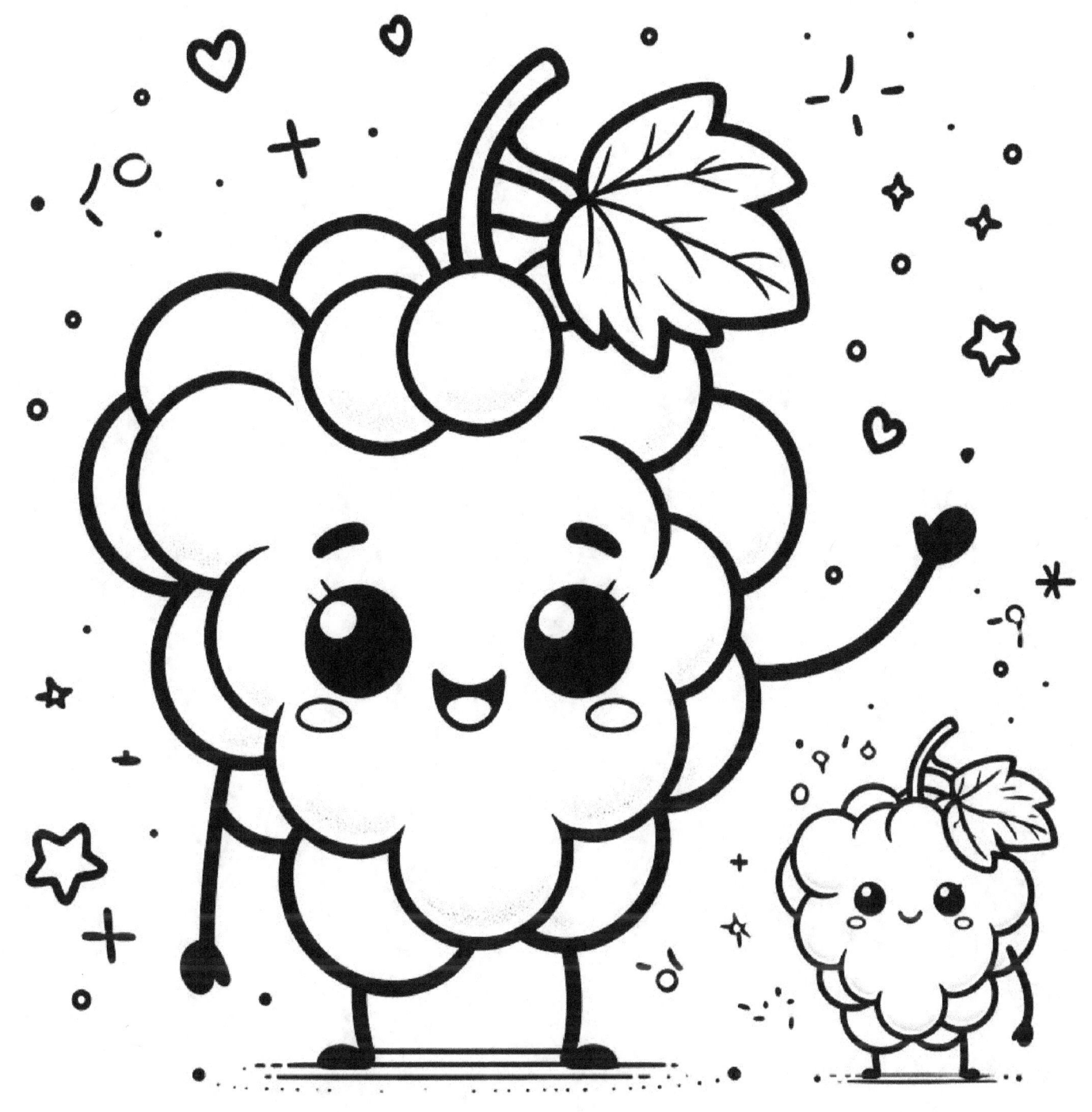

Je suis petite et ronde, tantôt verte, tantôt violette. Quel est mon nom?

R _ _ _ _ _

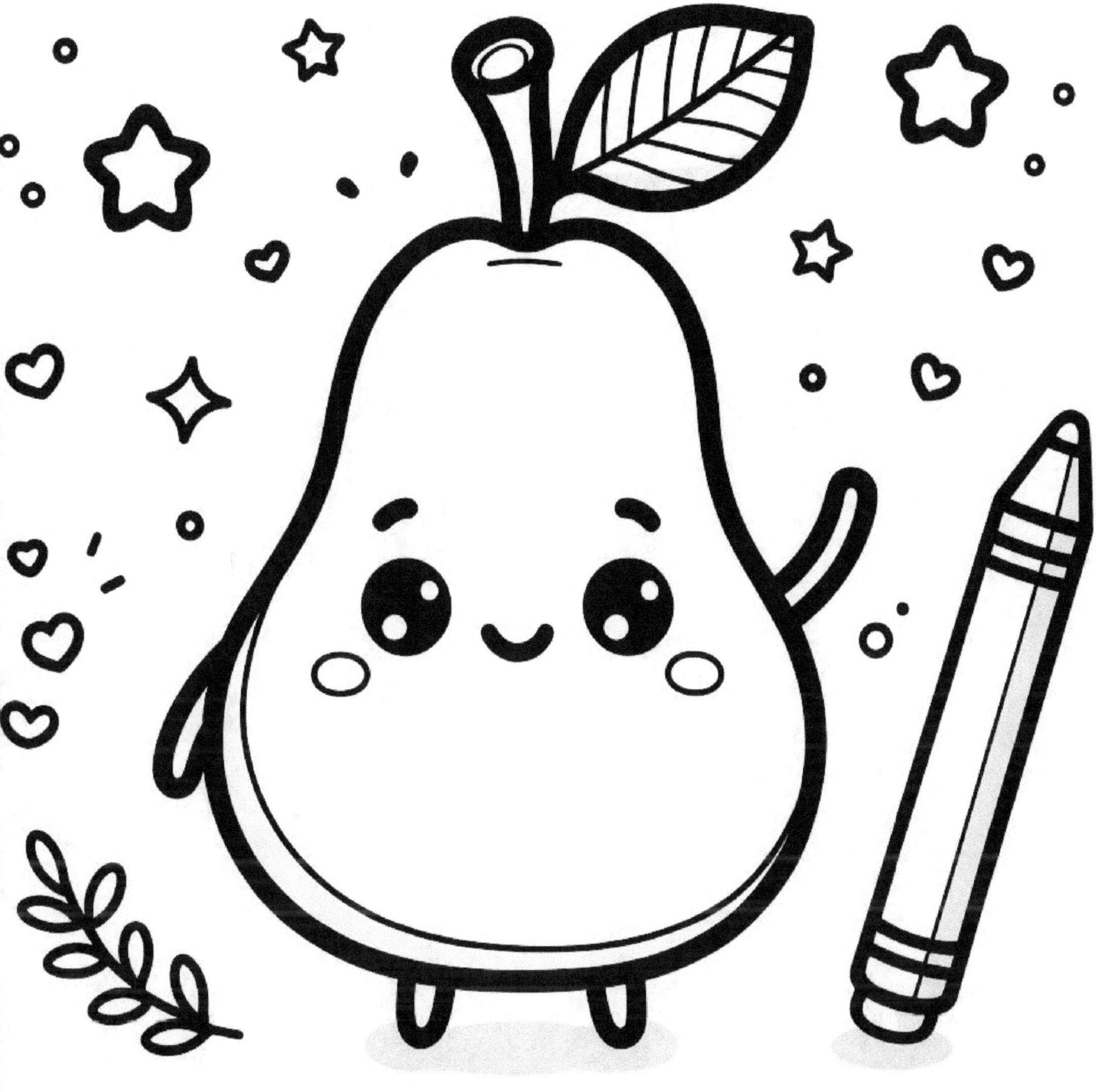

Je suis verte et douce et j'ai la forme d'une cloche. Quel est mon nom?

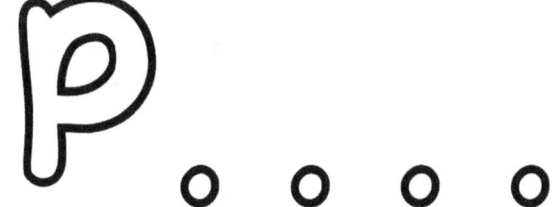

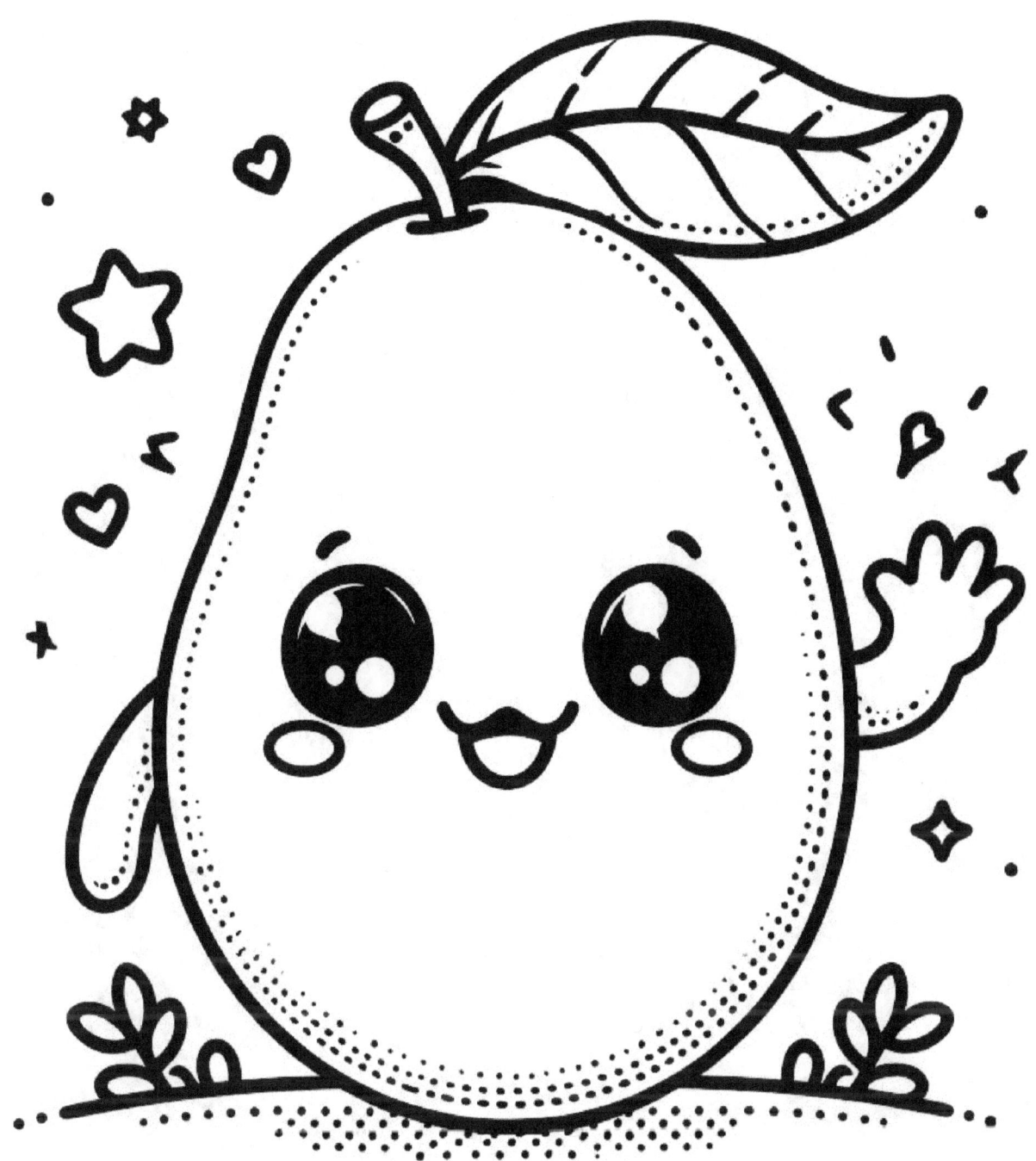

Je suis tropicale et douce, avec un gros os en mon centre. Quel est mon nom?

M o o o o o

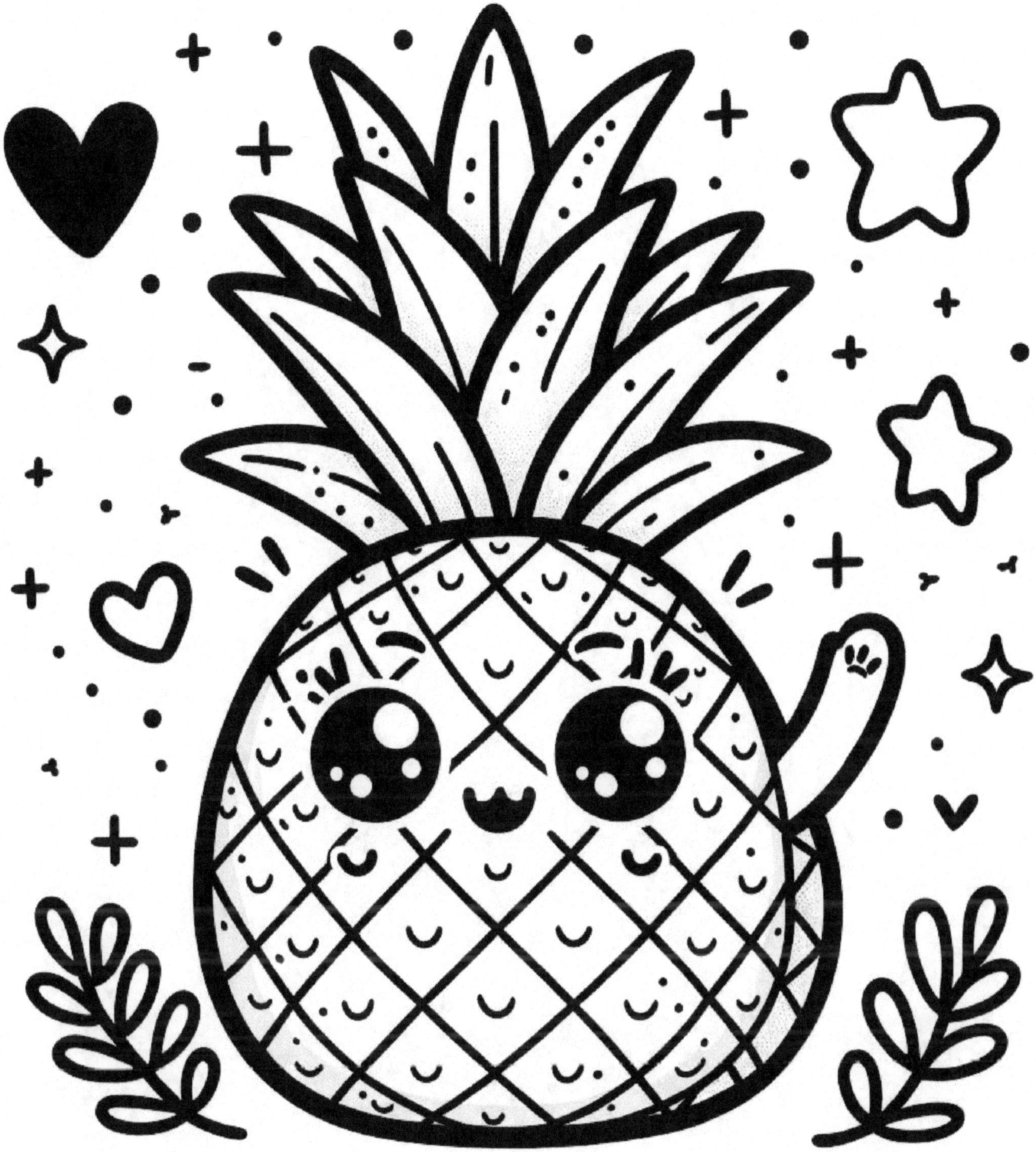

Je suis grand et épineux à l'extérieur, doux et jaune à l'intérieur. Quel est mon nom?

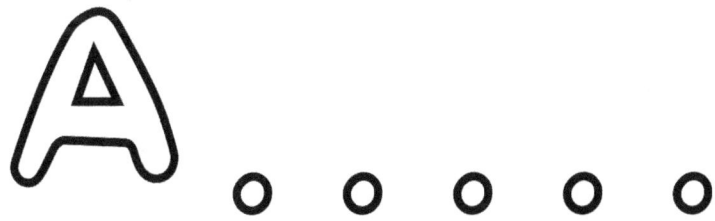

Je suis grande et douce, avec beaucoup d'eau en moi.
Quel est mon nom?

M o o o o

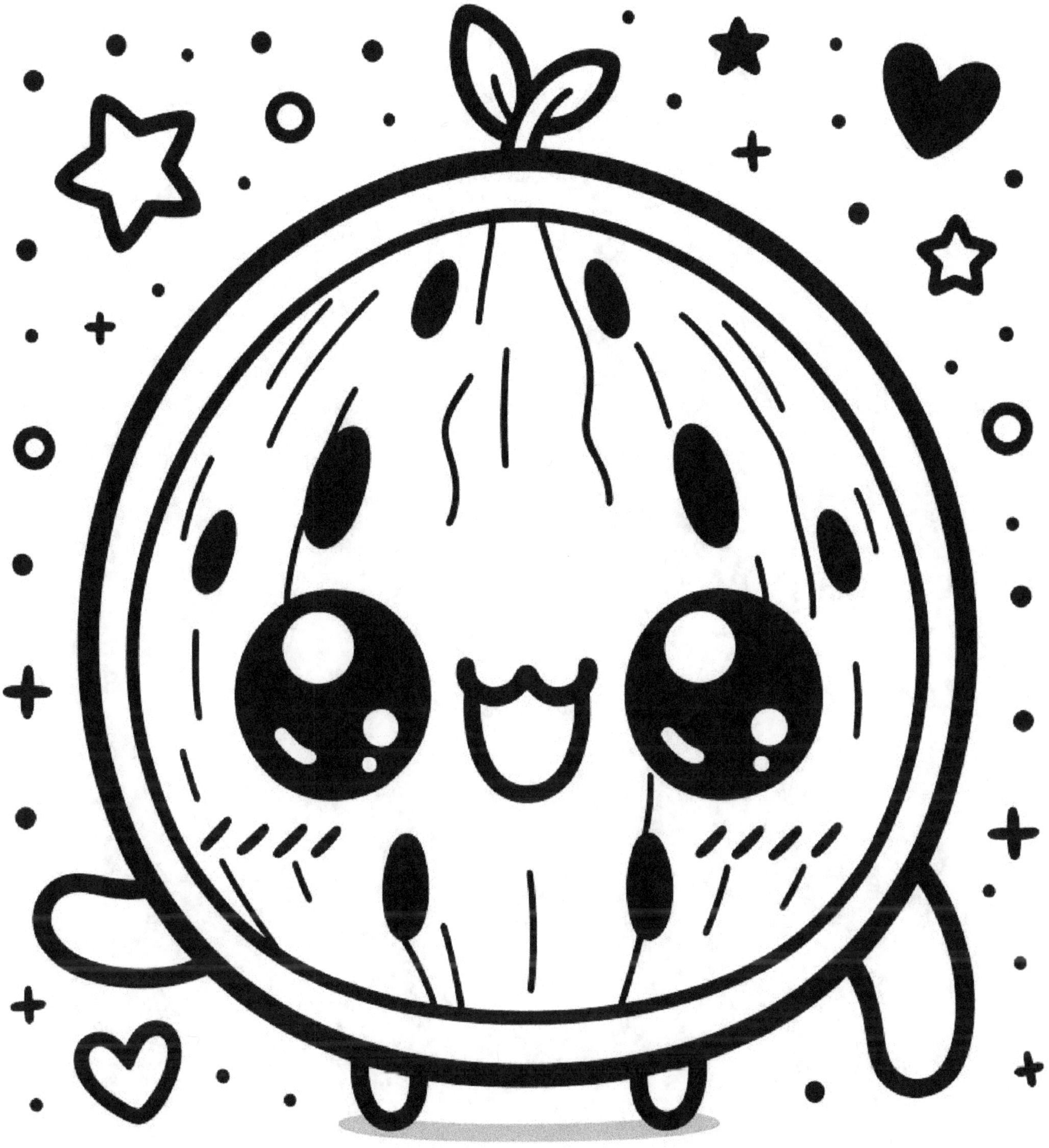

Je suis gros et vert à l'extérieur, rouge et juteux à l'intérieur. Quel est mon nom?

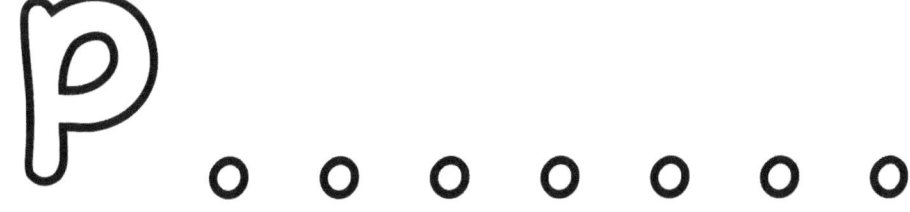

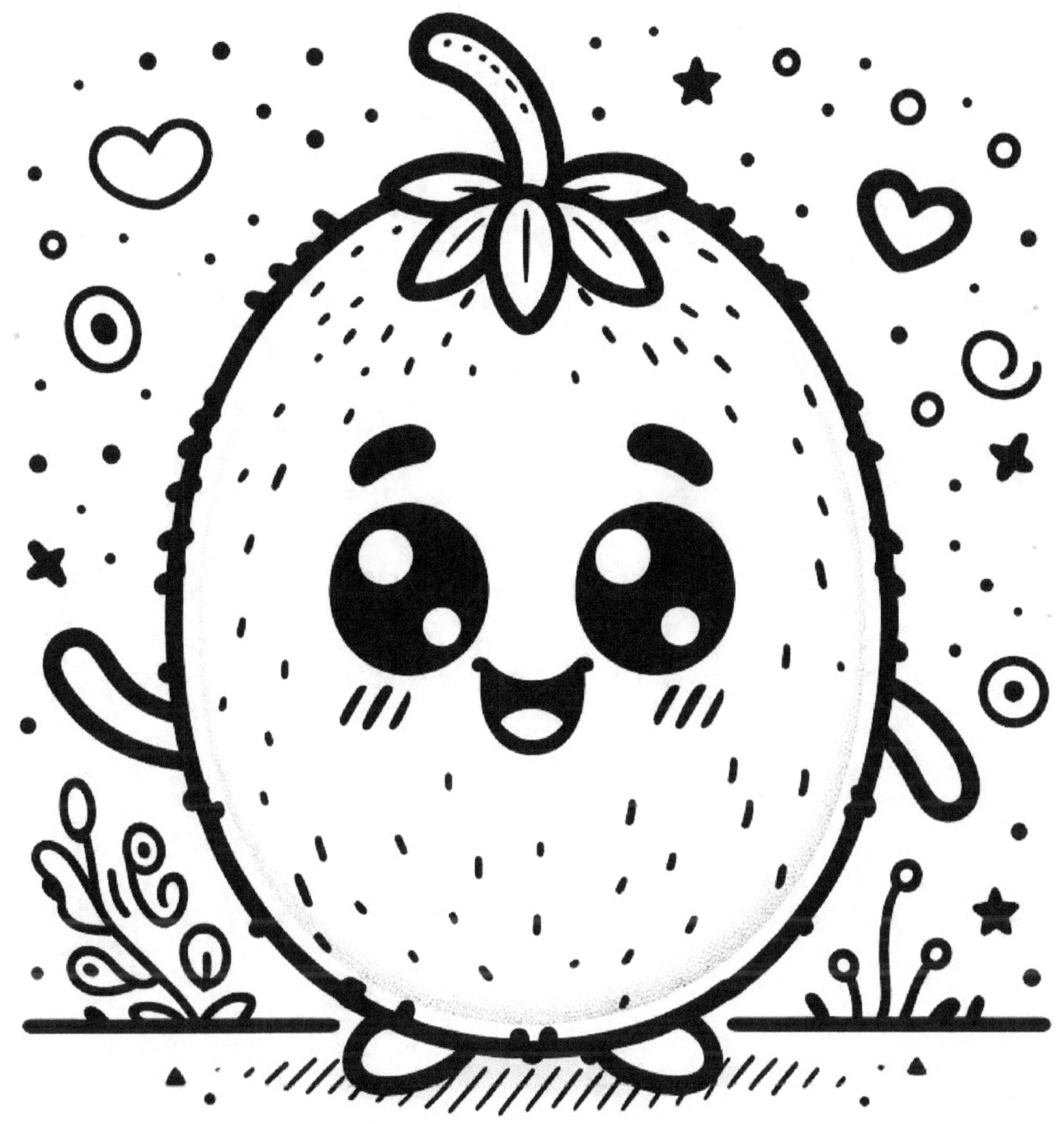

Je suis petit et brun à l'extérieur, vert et avec des graines noires à l'intérieur. Quel est mon nom?

K...

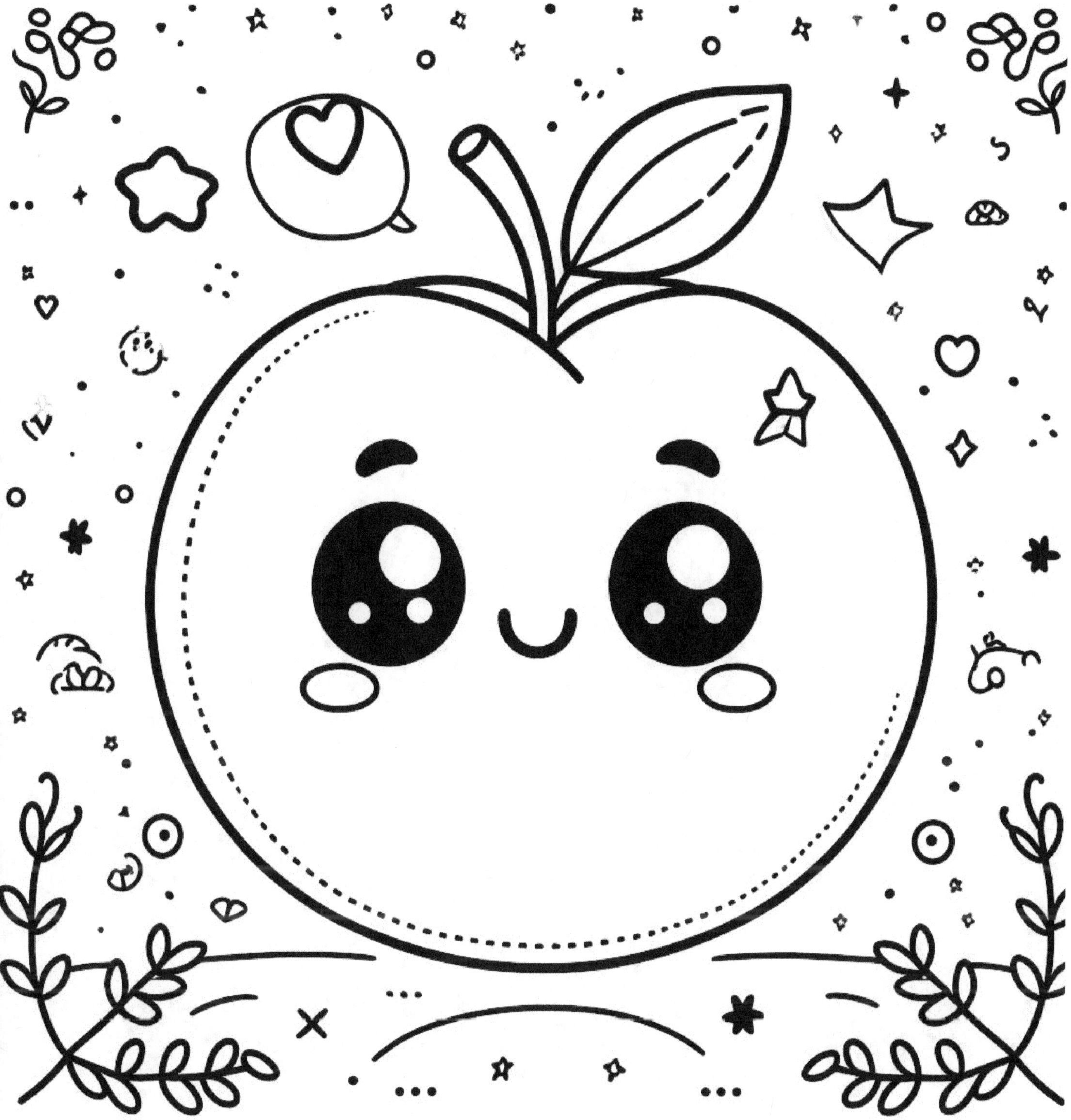

Je suis doux et poilu à l'extérieur, doux et juteux à l'intérieur. Quel est mon nom?

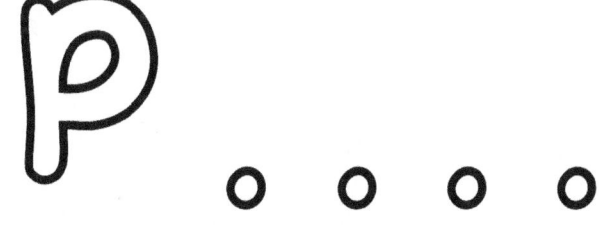

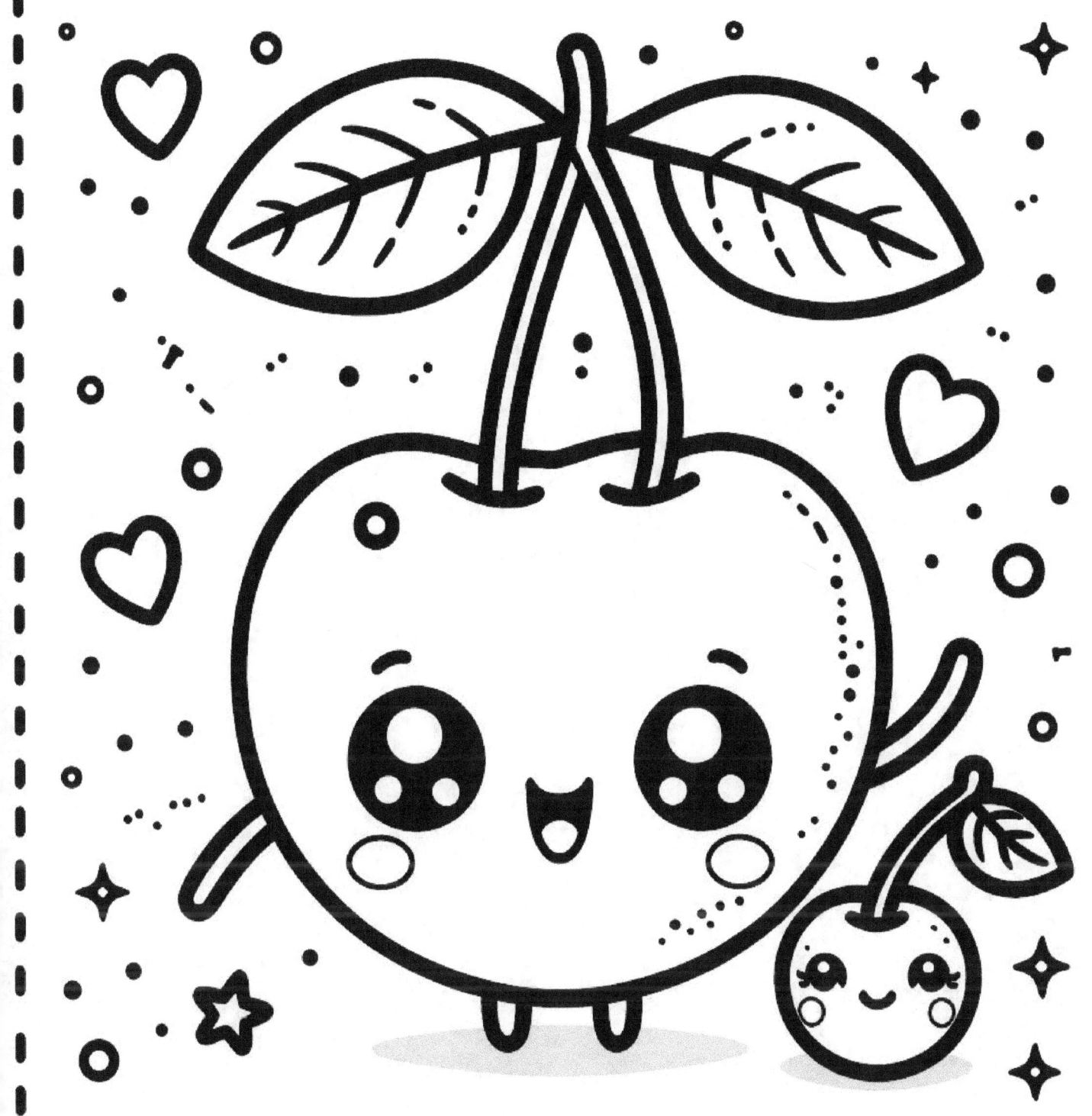

Je suis petite et rouge, parfaite pour décorer les desserts. Quel est mon nom?

C o o o o o

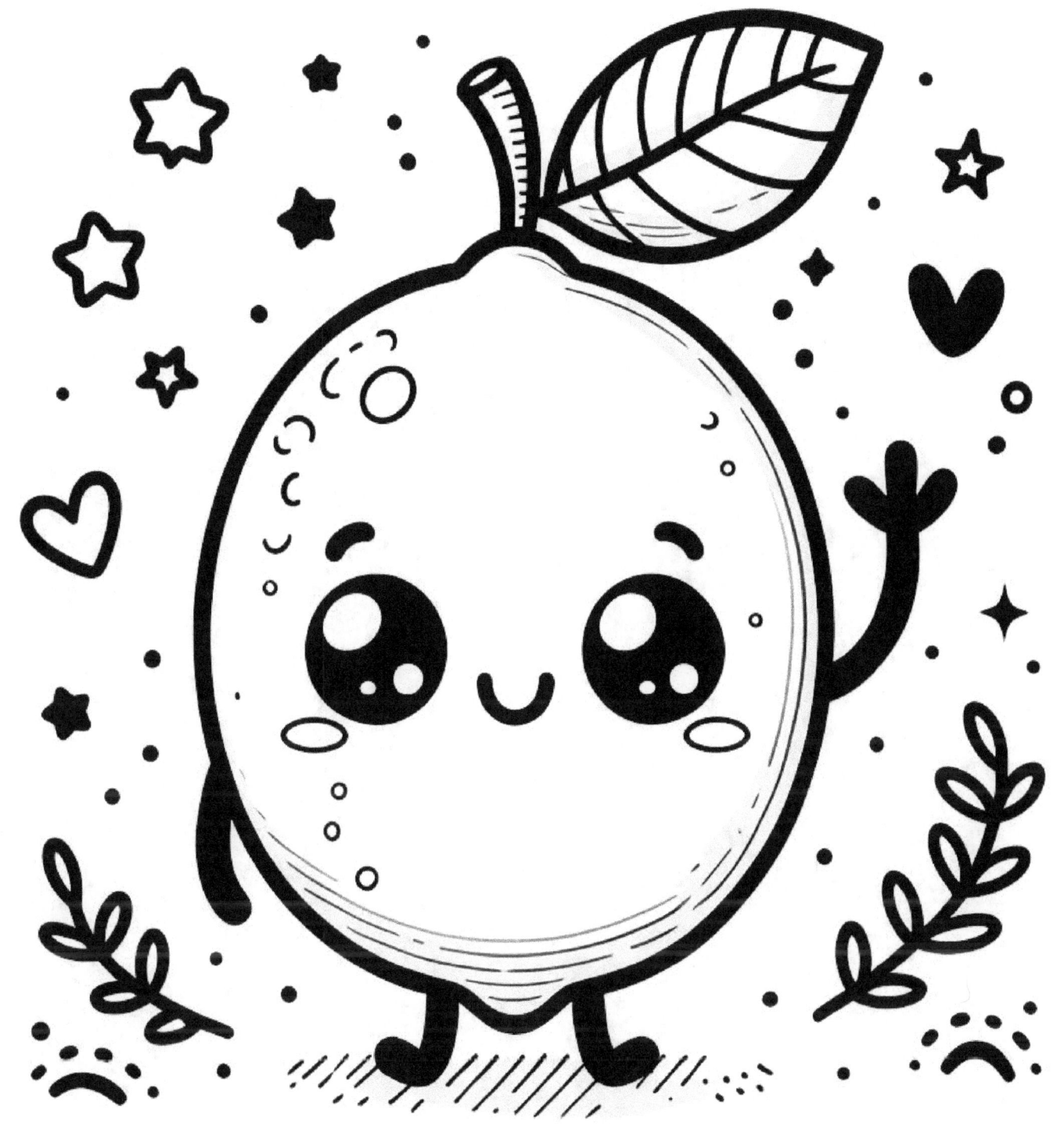

Je suis jaune et aigre, mais très rafraîchissant. Quel est mon nom?

C o o o o o

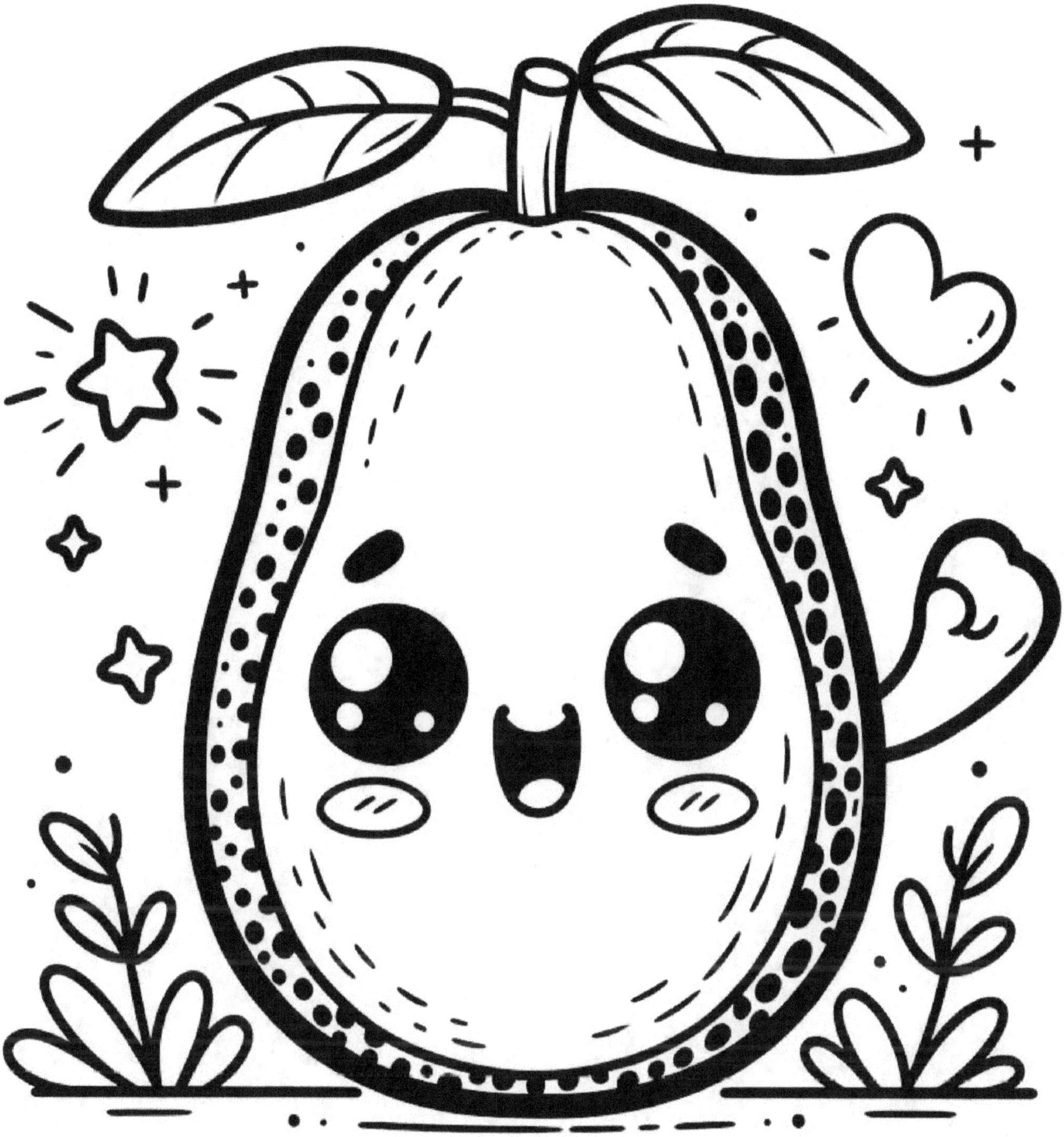

Je suis grand et orange, avec de nombreuses graines noires à l'intérieur. Quel est mon nom?

P o o o o o

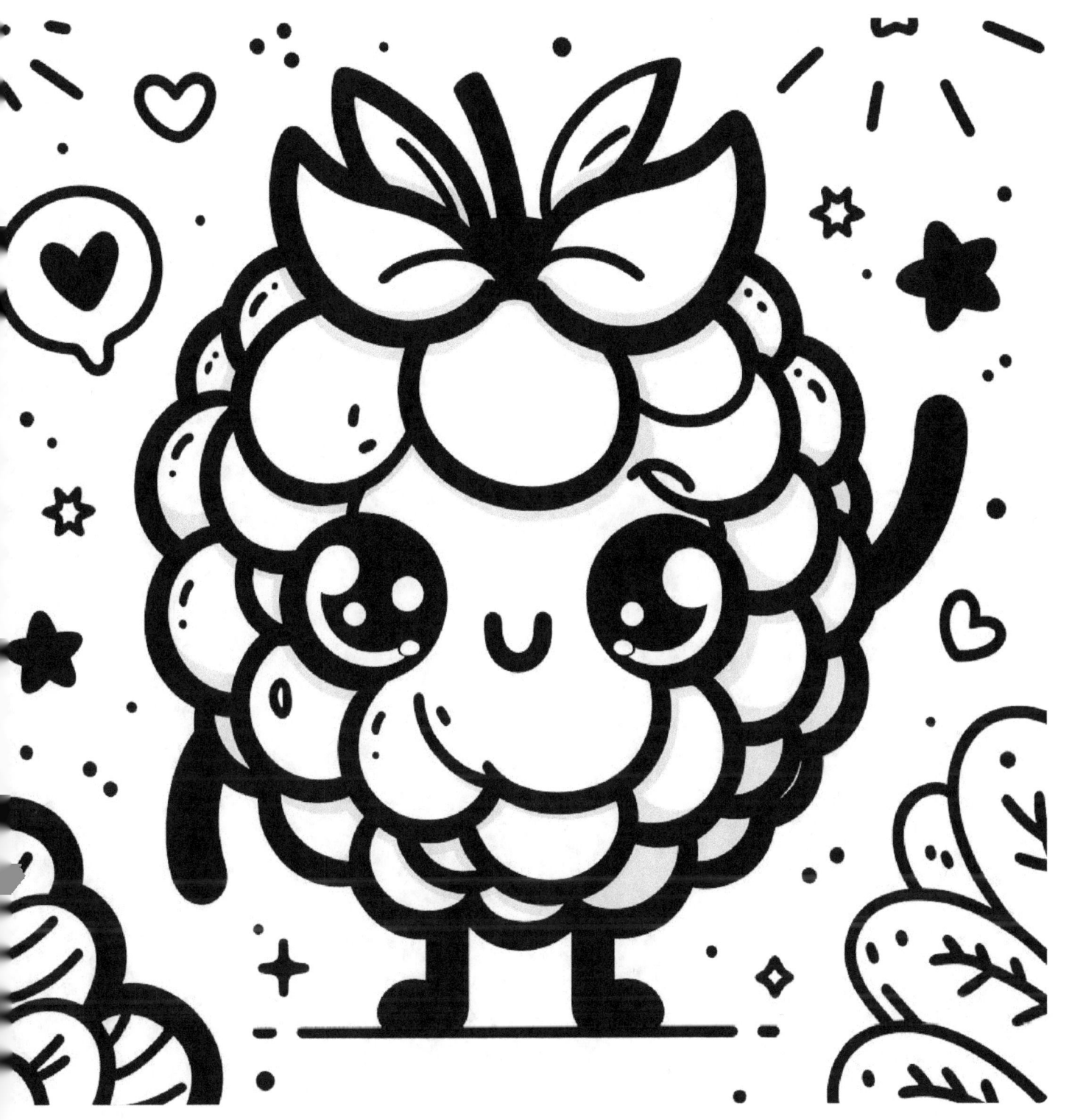

Je suis petite et noire, délicieuse en confitures. Quel est mon nom?

M...

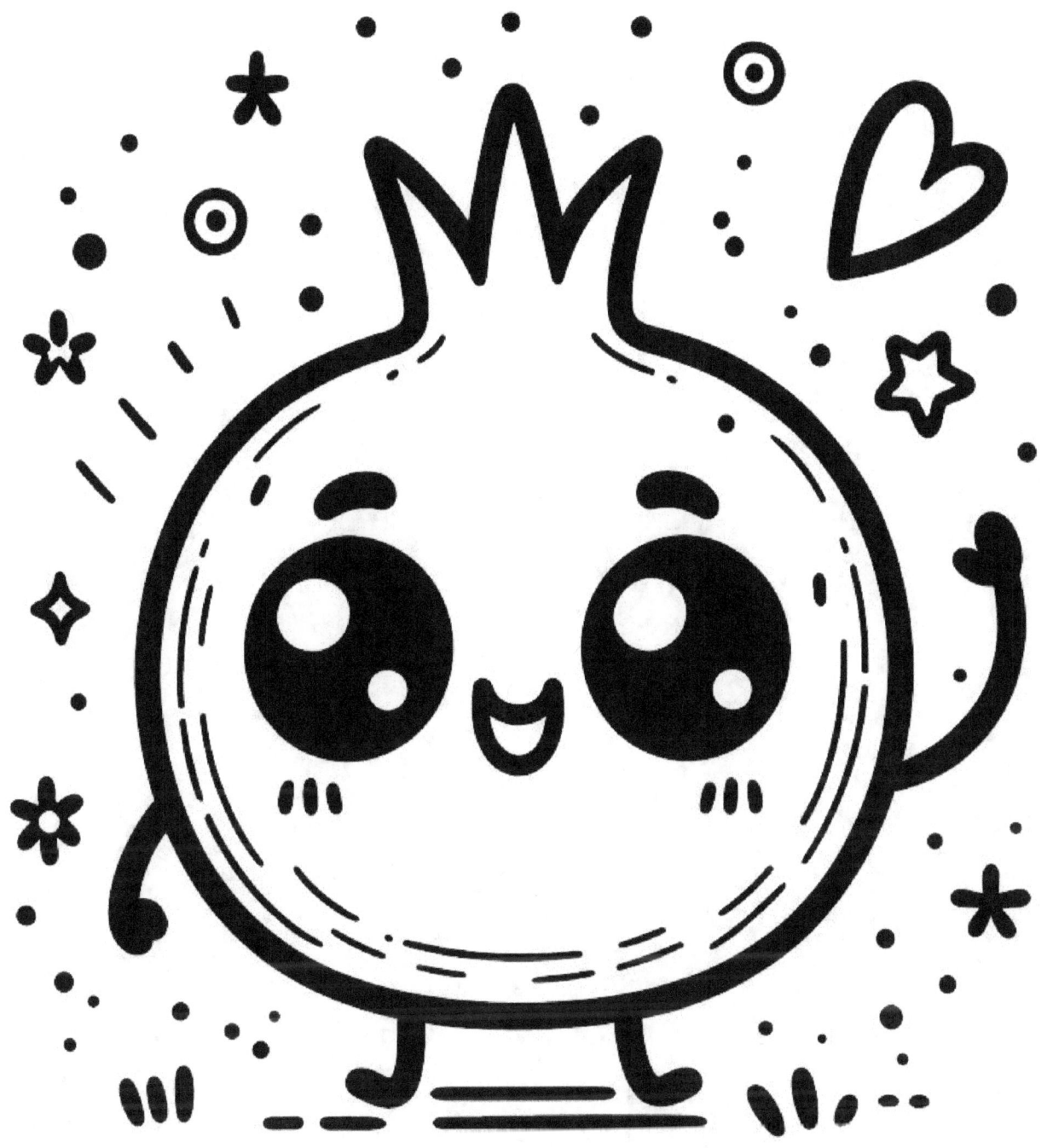

Je suis rouge à l'extérieur et plein de graines juteuses à l'intérieur. Quel est mon nom?

G o o o o o o

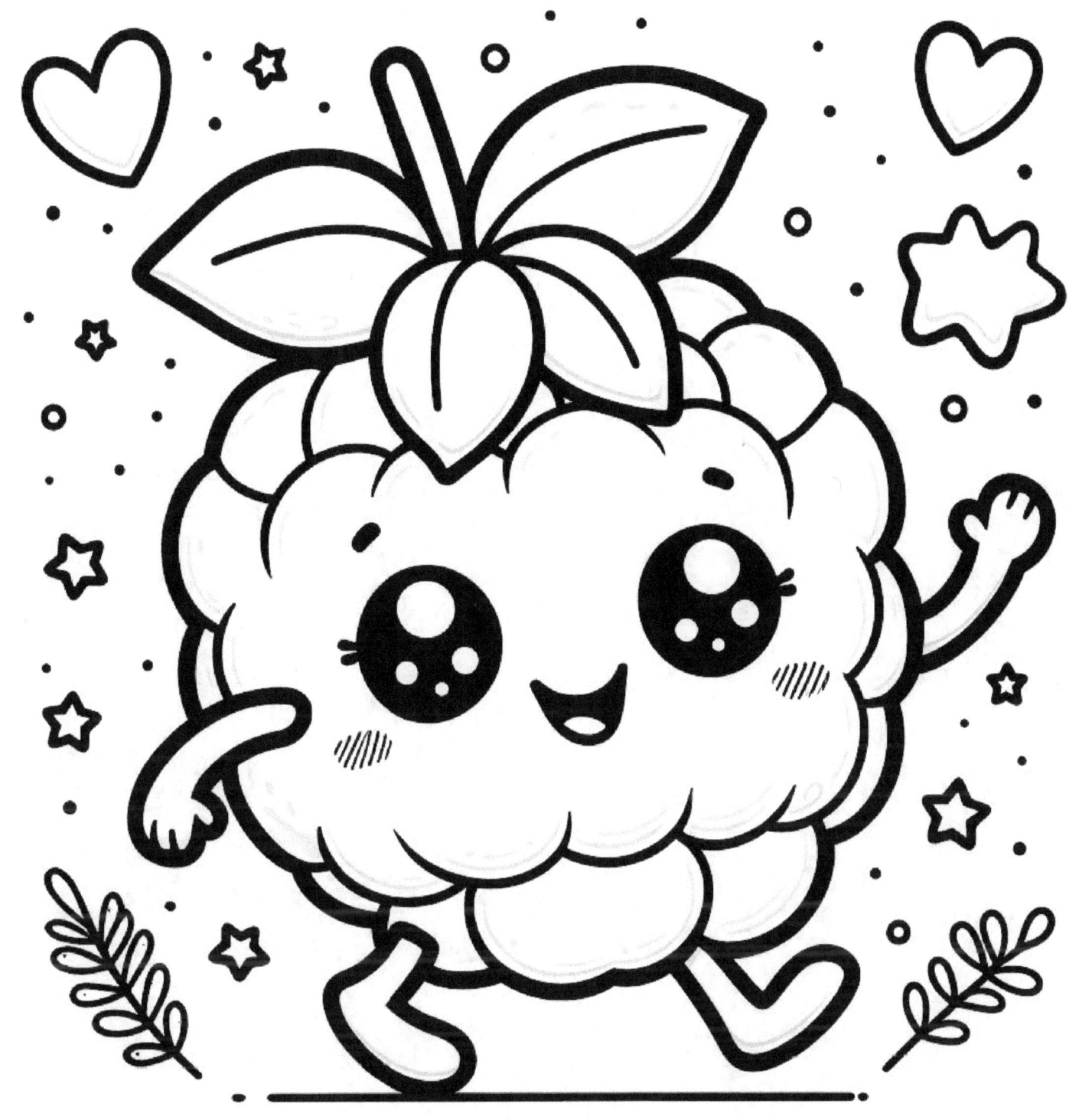

Je suis petite et rouge, parfaite pour les desserts. Quel est mon nom?

F o o o o o o o o o

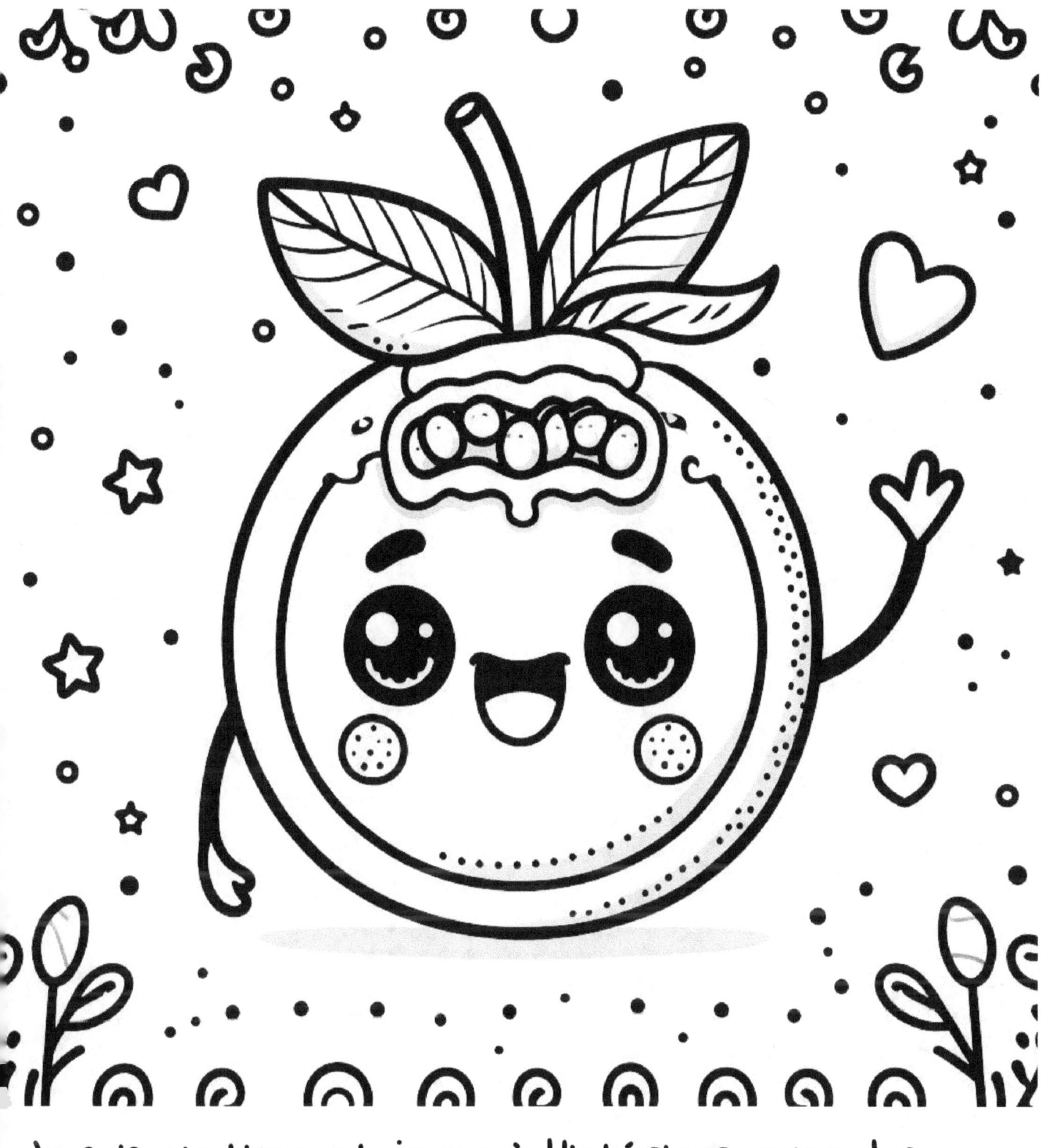

Je suis exotique et jaune à l'intérieur, avec des graines noires. Quel est mon nom?

F o o o o DE LA P o o o o o

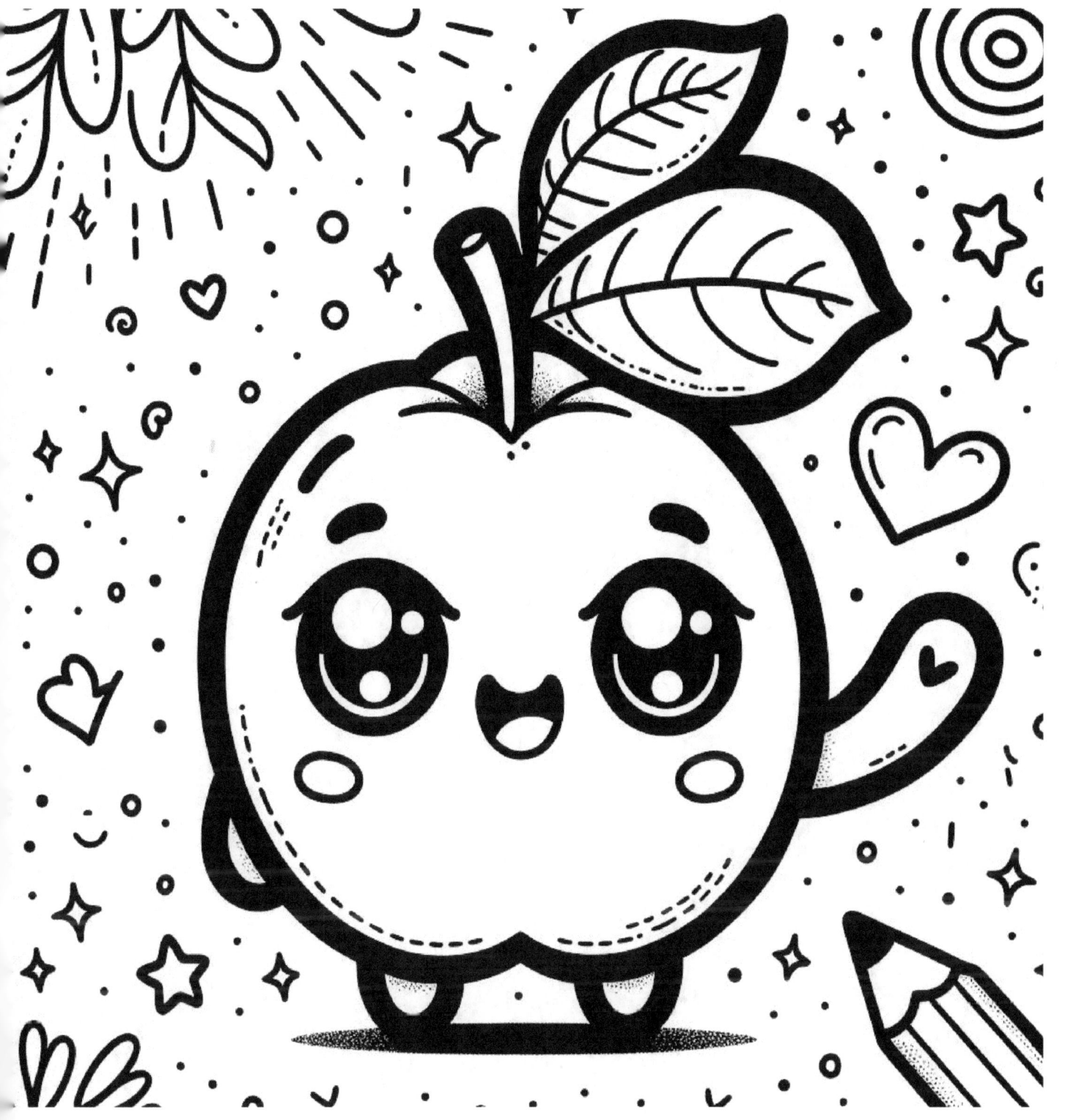

Je suis verte à l'extérieur, rose et douce à l'intérieur. Quel est mon nom ?

G o o o o o

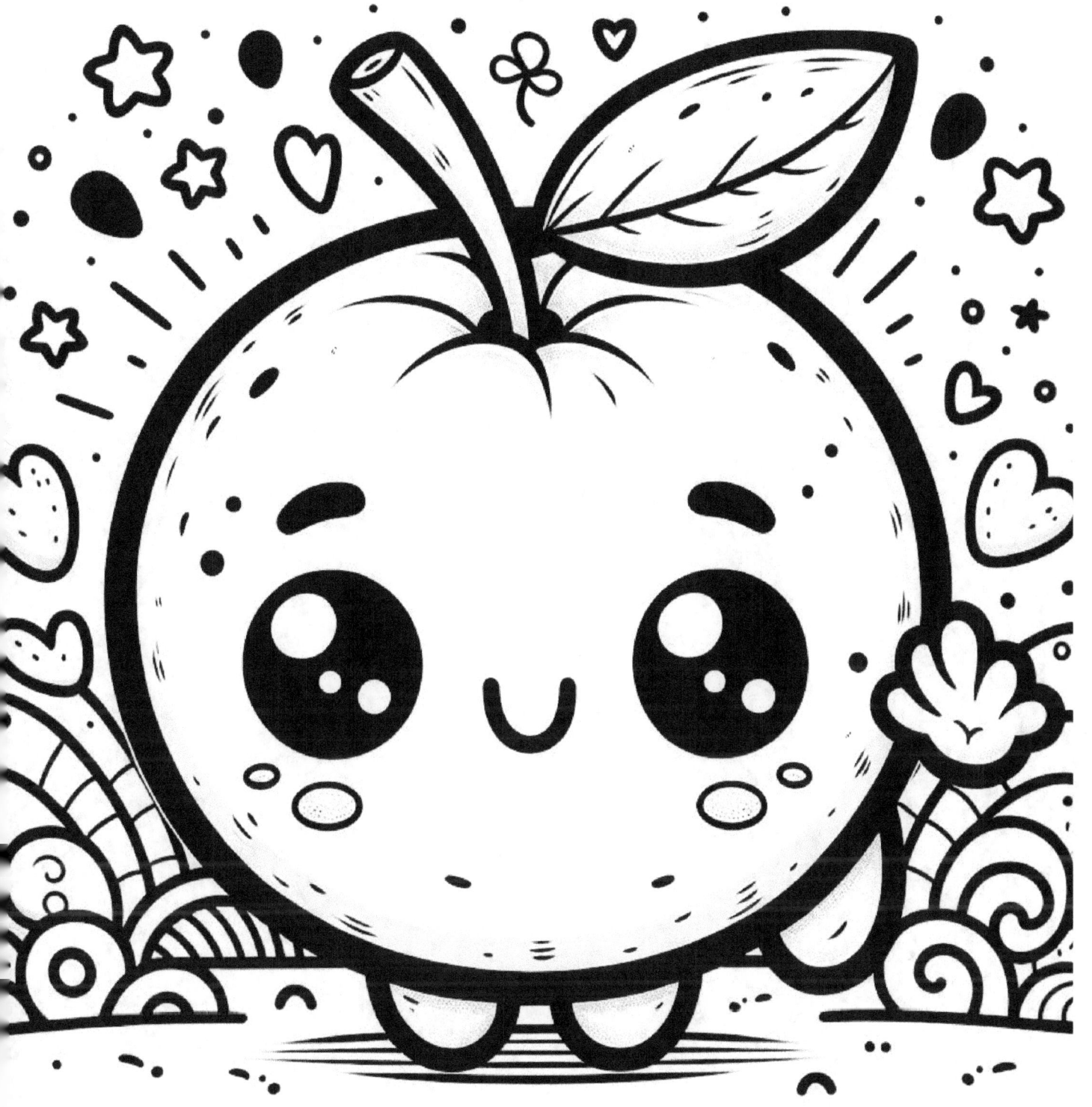

Je suis petit et orange, facile à peler. Quel est mon nom?

T o o o o o o o o

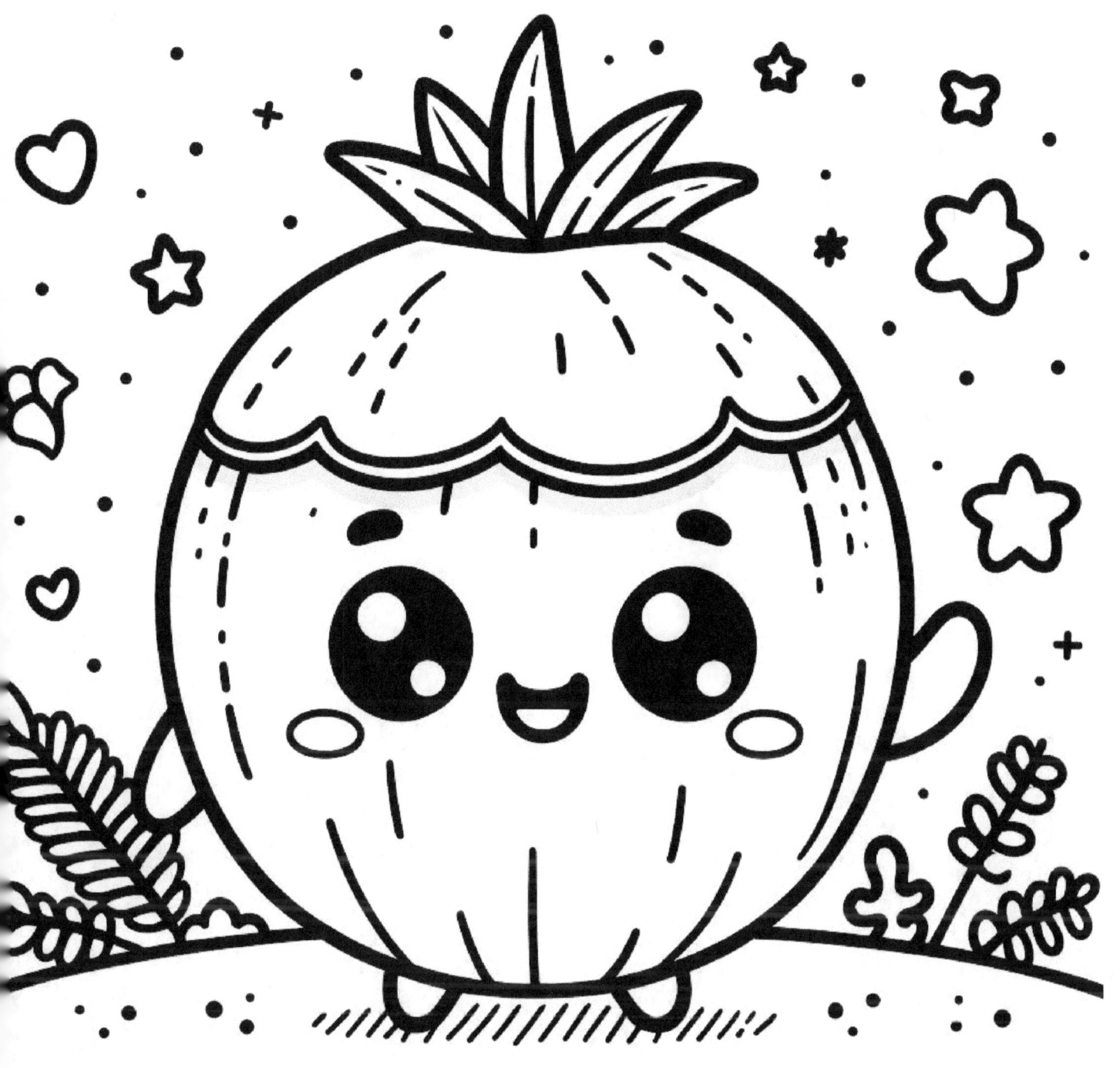

Je suis brune et dure à l'extérieur, avec de l'eau et de la viande blanche à l'intérieur. Quel est mon nom?

N . . . DE C . . .

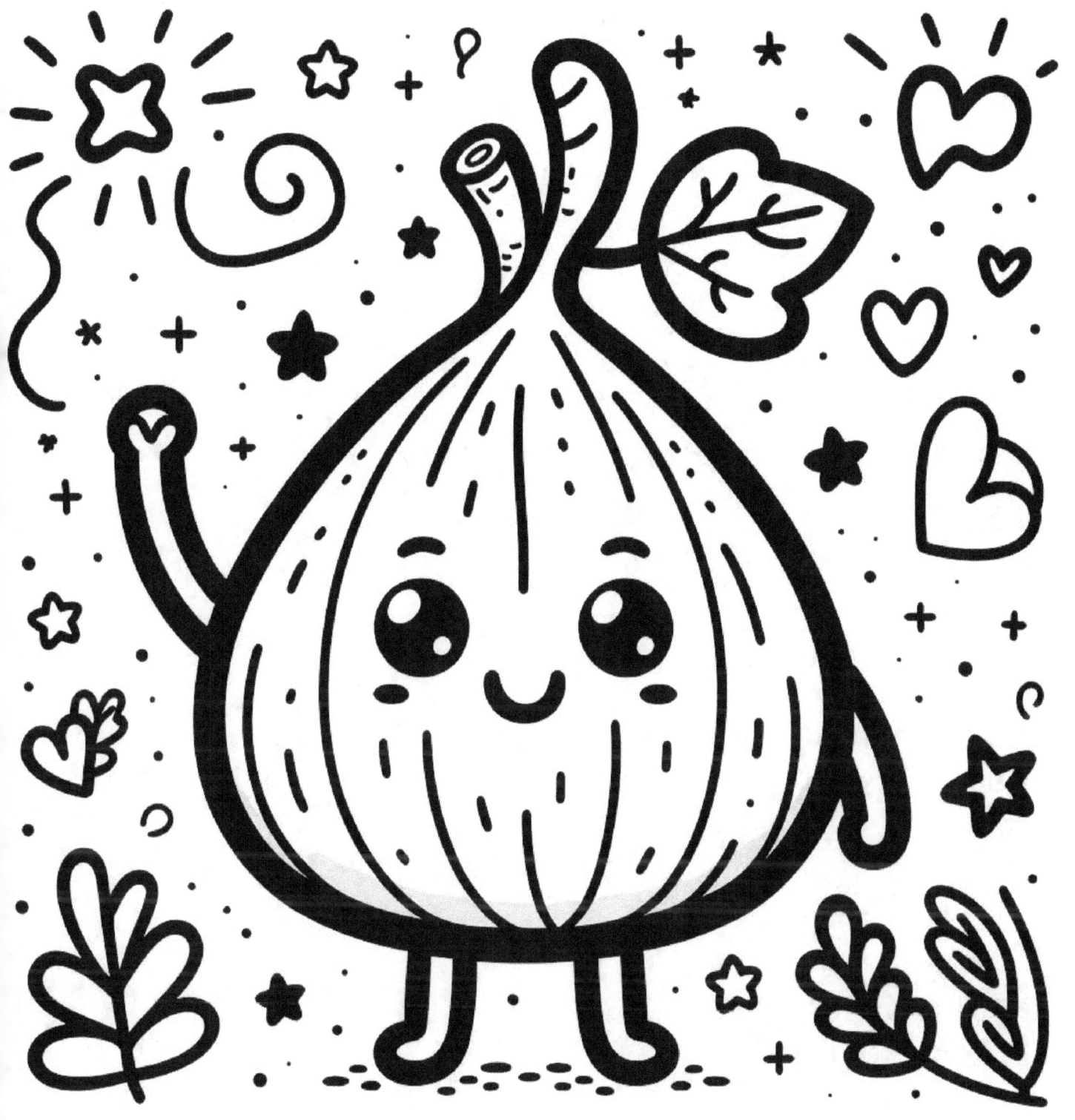

Je suis petite et violette, pleine de petites graines. Quel est mon nom?

F o o o o

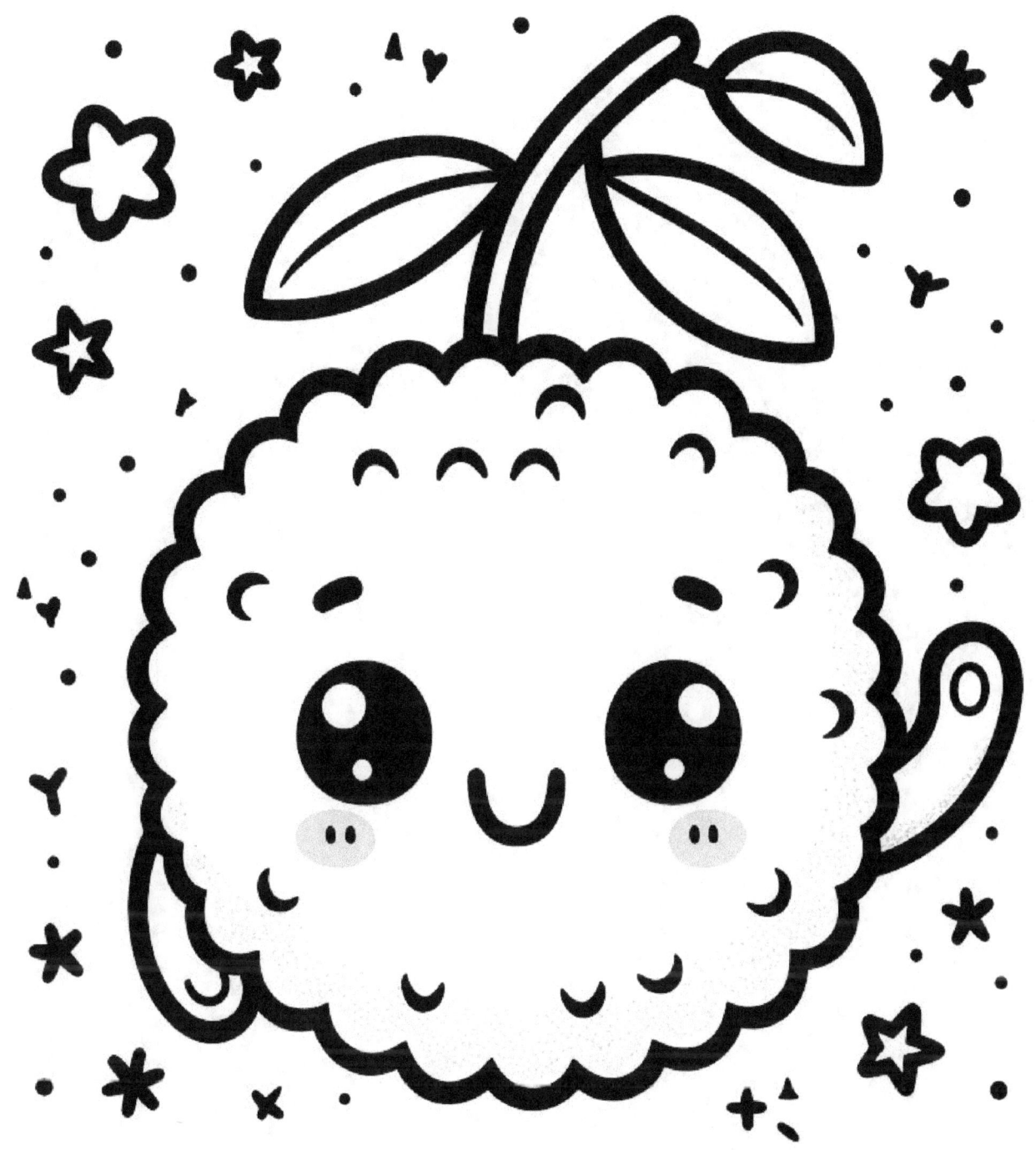

Je suis petit et rouge, à chair blanche et sucrée. Quel est mon nom?

L _ _ _ _ _

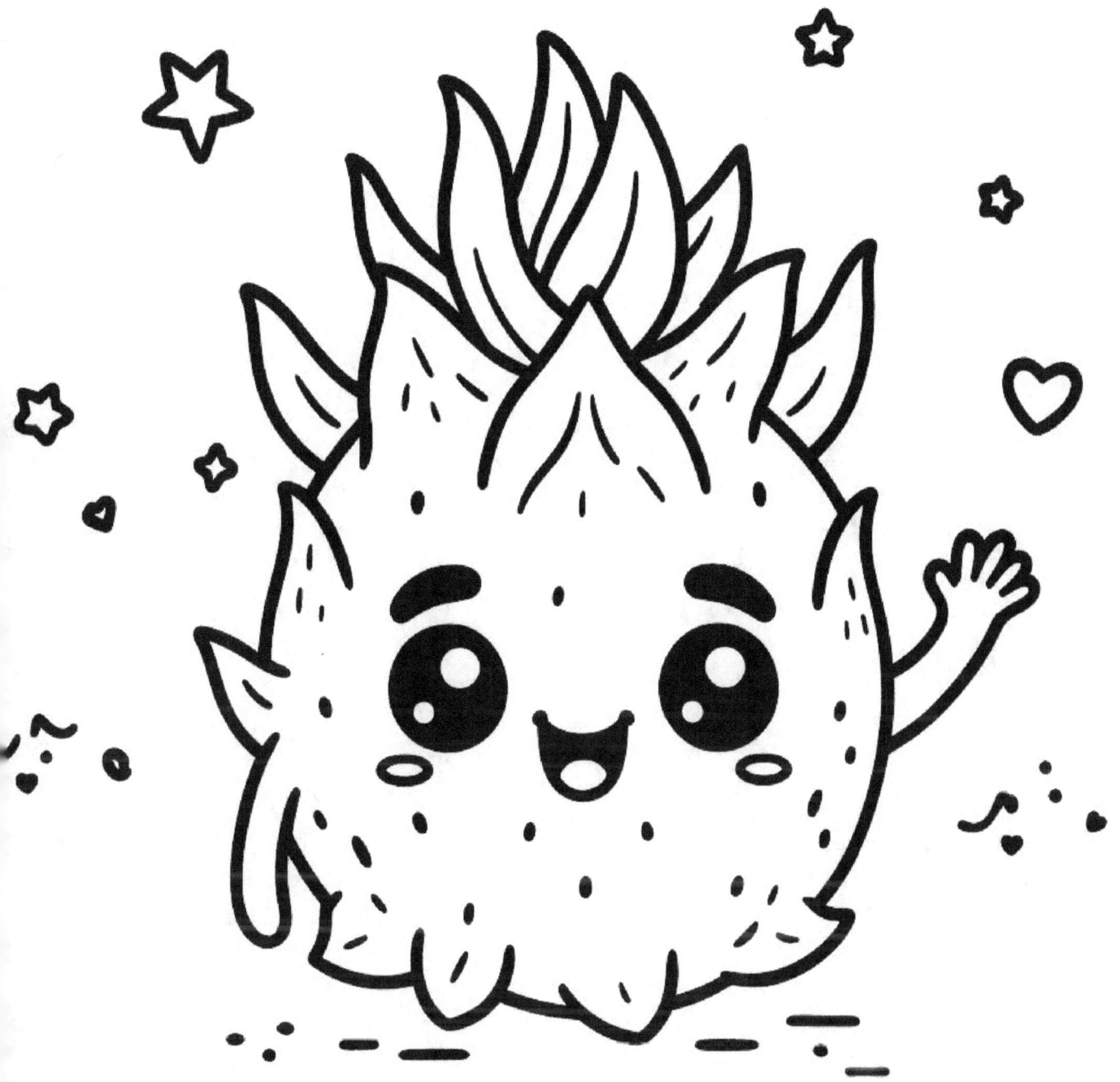

Je suis un fruit du dragon, avec une apparence unique et une viande délicieuse. Quel est mon nom?

P o o o o o o o

Merci d'avoir colorié avec nous !

Félicitations pour avoir atteint la fin de ce voyage de fruits juteux ! Nous espérons que vous avez eu du plaisir à colorier et à découvrir tous ces délicieux fruits.

Mais ne laissez pas le plaisir s'arrêter là. Le monde des fruits est vaste et plein de surprises. alors continuez à explorer et à découvrir de nouveaux fruits chaque jour !

N'oubliez pas qu'il y a toujours plus de couleurs et de fruits à découvrir. Qui sait? Peut-être que la prochaine fois. vous découvrirez un fruit que vous n'avez jamais vu auparavant et que vous serez inspiré pour le colorer de la manière la plus créative possible. Gardez vos crayons bien aiguisés et votre curiosité toujours prête.

Continuez à colorier et à apprendre. et que votre vie soit toujours pleine de couleurs et de saveurs !

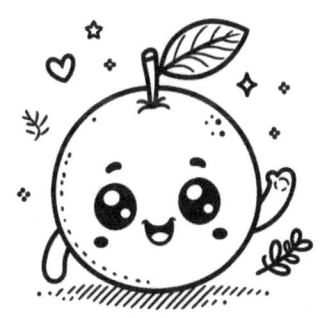
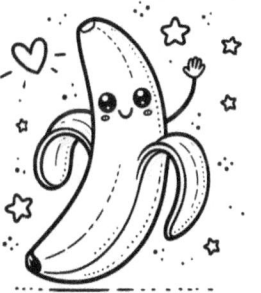

www.ingramcontent.com/pod-product-compliance
Lightning Source LLC
Chambersburg PA
CBHW082221220526
45470CB00010B/3253